Chez Papa

Edwige Planchin
Sandrine Gambart

Maman et Papa divorcent

À Melvil et Elisa

Edwige

À Sam, le phénomène

Sandrine

- On dit que je serais la maman et toi le papa.
- D'accord ! On va chercher les déguisements ?

- Tu pourrais ranger un peu tes affaires !
- Tu n'es jamais contente !

APPLAUDISSEMENTS   RIRES   CHUT !   ETONNEMENTS

- Les enfants, nous avons quelque chose de triste à vous annoncer : nous allons divorcer. Vous aurez donc deux chez-vous : le mien et celui de votre maman. Tantôt vous vivrez avec moi et tantôt avec elle.

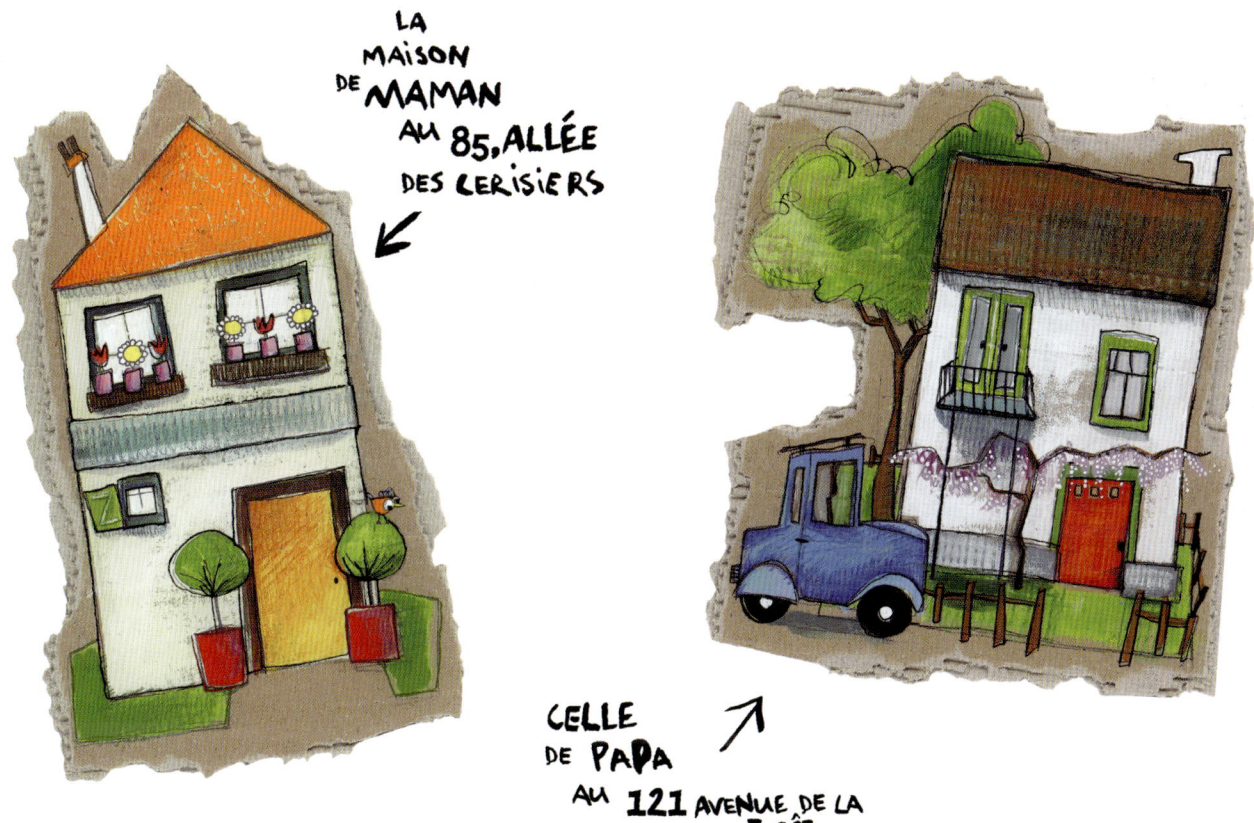

— Pourquoi vous divorcez avec Papa ? demande Eléanna.
— Parce que nous ne nous aimons plus, répond Maman. Nous nous disputons tout le temps. Tout le monde vivra plus heureux dans deux maisons séparées.

- Est-ce que nous aurons chacun notre chambre ?
- Je garde la maison. Ici, rien ne changera.

- Chez moi, dit Papa, ce sera plus petit. Vous dormirez dans la même chambre, comme chez Mamie et Bernard.
- Youpi ! On pourra faire les fous alors ! s'écrie Éléanna.
Même si elle n'est pas sûre d'aimer ça.

- Pourquoi tu n'aimes plus Maman ?
- Cela ne regarde pas les enfants. Nous voulons des choses trop différentes, voilà tout.
- Moi aussi des fois j'aimerais bien me divorcer de mes copines !

Thomas traîne, alors Maman l'aide à se mettre en pyjama.
- Ne t'inquiète pas, tout va bien se passer.
 Il faudra juste vous habituer à votre nouvelle vie.
 Mais vous ne serez jamais abandonnés.

- Si nous divorçons, ce n'est pas à cause de vous. C'est une histoire de grandes personnes. Votre maman et moi avons changé. C'est tout.
- Mamie dit toujours que j'ai beaucoup changé !
- L'amour que j'ai pour vous est différent. Toi et Thomas, je vous aimerai toute ma vie parce que vous êtes mes enfants.

- Et moi j'aimerai toujours mon grand frère !

- Je ne veux pas vivre avec toi sans Papa.
- N'aie pas peur, ton papa restera présent et tu le verras souvent.
- Mais parfois Papa ne sera pas là !
- C'est vrai, mais quand tu seras chez moi, il pensera bien fort à toi et tu penseras aussi à lui. Tu pourras lui téléphoner quand tu veux.

- Papa, j'ai soif. Et je n'ai pas sommeil. Est-ce que tu as une nouvelle amoureuse ?
- Non, pas pour l'instant. Si je rencontre quelqu'un, ce sera ta belle-mère. Mais tu n'auras toujours qu'une seule maman.

À peine endormi, Thomas fait un horrible cauchemar.
Maman vient le consoler.
- Je peux venir dormir avec toi ?
- Tu es un petit malin, toi !
 Non, tu dors ici. À côté de moi, c'est la place d'un amoureux.
 Tiens, reprends ton doudou qui mange les cauchemars et rendors-toi...

Eléanna n'arrive toujours pas à dormir. Elle va retrouver son père dans sa chambre.

- Est-ce que Thomas et moi allons divorcer aussi ?
- Non. Vous resterez ensemble, soit chez votre maman, soit chez moi. Et vous pourrez aussi inviter vos copains.

Mais Eléanna n'a pas envie de dormir toute seule.
Alors elle va en cachette dans la chambre
de son frère et se glisse tout contre lui.
Rassurée, elle s'endort aussitôt.

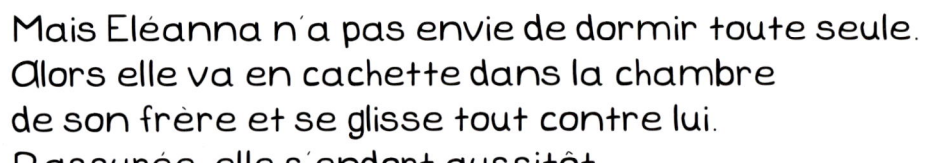